Allegria

Die Autorin

Louise L. Hay begann ihre Arbeit, als sie bei der Selbstheilung ihrer eigenen Krebserkrankung erfuhr, welche Bedeutung eine positive Lebenseinstellung für den Heilungsprozess haben kann. Ihre ersten Bücher stellten in den Achtzigerjahren eine Revolution für das Selbstverständnis von Aids- und anderen Schwerstkranken dar. Seitdem hat sie mit ihrer Methode der positiven Selbstbeeinflussung mehr als 50 Millionen Menschen in über 30 Ländern der Welt geholfen.

Um ihr Werk ist mit Hay House ein eigener Verlag entstanden, der heute in den USA zu den wichtigsten Vorreitern alternativer Gesundheitslehren und eines neuen humanen Umgangs mit menschlichen Problemen gehört. Ihr Name wurde zum Synonym für die Aktivierung von Selbstheilungskräften zur Unterstützung jeder ärztlichen Therapie. Louise L. Hay lebt in Kalifornien.

Louise L. Hay

Alles wird Gut

365 neue Affirmationen
für Körper und Seele

Aus dem Amerikanischen von
Thomas Görden

Ullstein

Besuchen Sie uns im Internet:
www.ullstein-taschenbuch.de

Allegria im Ullstein Taschenbuch
Herausgegeben von Michael Görden

Aus dem Amerikanischen übersetzt von
Thomas Görden

Umwelthinweis:
Dieses Buch wurde auf chlor- und
säurefreiem Papier gedruckt.

Ullstein Taschenbuch ist ein Verlag
der Ullstein Buchverlage GmbH, Berlin.
Erstausgabe im Ullstein Taschenbuch
1. Auflage März 2009
2. Auflage 2009

Umschlaggestaltung: FranklDesign, München
Titelabbildung: Joan Perrin Falquet
Gesetzt aus der Baskerville
Satz: Keller & Keller GbR
Druck und Bindearbeiten:
GGP Media GmbH, Pößneck
Printed in Germany
ISBN 978-3-548-74442-1

Einführung

Dieses kleine Buch ist randvoll gefüllt mit positiven Affirmationen, die Ihnen zeigen werden, dass Ihr Kraftpunkt sich immer in der Gegenwart befindet, weil Sie hier und jetzt die Saat für Ihre zukünftigen Erfahrungen säen. Jederzeit können Sie neue Gedanken und Ideen wählen, und Ihre Zukunft kann immer positiver, liebevoller und reicher sein als Ihre Gegenwart.

Denken Sie darüber nach, wie Sie gerne leben und was Sie gerne erreichen möchten. Jeden Tag werde ich Ihnen dabei helfen, Ihr Denken in positive Bahnen zu lenken, damit Sie Ihre Ziele verwirklichen.

Während Sie die Affirmationen in diesem Buch lesen, werden Sie erleben, wie Sie neue geistige Gewohnheiten entwickeln, die Ihnen für das ganze Leben von Nutzen sein werden!

Louise L. Hay

1

Das Leben unterstützt und trägt mich
und will, dass ich glücklich bin und
Erfüllung finde.

2

Dies ist ein wunderbarer Tag,
um zu imaginieren, zu visualisieren,
kreativ und produktiv zu sein.

3

Ich sehe die Welt
mit den Augen der Liebe.

4

Meine Arbeit ermöglicht es mir,
mein höchstes Potenzial zu entfalten.

5

Ich bin mitfühlend und verständnisvoll.
Ich vergebe und vergesse.

6

Mein Körper strebt immer nach
optimaler Gesundheit. Ich bin
glücklich und gesund.

7

Die Tore der Weisheit stehen mir immer offen.

8

Auf allen Wegen reise ich immer sicher. Stets begegnen mir unterwegs liebevolle, hilfsbereite Menschen.

9

Ich blicke optimistisch, mit freudiger Erwartung in die Zukunft.

10

Ich strahle Erfolg aus und alle meine Unternehmungen gedeihen.

11

Mein dankbares Herz erquickt meine Seele und erfrischt meinen Körper.

12

Andere Menschen respektieren mich
und schätzen wert, was ich tue.

13

Ich befinde mich in friedvoller Harmonie
mit dem Wetter und den Bewegungen
der Erde.

14

Ich akzeptiere alle Teile meines Wesens,
auch jene, die ich gerade erst zu mögen lerne.

15

Es geht mir gesundheitlich immer besser
und besser.

16

Gerechtigkeit und Weltfrieden beginnen
bei mir selbst. Heute verhalte ich mich allen
Menschen gegenüber gütig und liebevoll.

17

Mein Leben gelingt mir! Ich meistere
alle Aufgaben mit Freude und Leichtigkeit.

18

Meine Arbeit schenkt mir Freude
und Erfüllung.

19

Ich bin ein Magnet für göttliche Fülle.
Alles, was ich unternehme, bringt mehr
Wohlstand in mein Leben.

20

Ich bin geduldig, tolerant und diplomatisch.

21

Ich breche mit Freude und Zuversicht zu neuen Ufern auf.

22

Ich vergebe mir selbst und allen anderen frühere Fehler. Ich wähle ein freudiges Leben im Hier und Jetzt.

23

Ich achte und beschütze meinen Körper,
denn meine Gesundheit ist mir wichtig.

24

Ich lasse alte Grenzen hinter mir.
Ich bin göttlich geführt und inspiriert.

25

Das Leben ist wirklich sehr einfach.
Was wir geben, bekommen wir zurück.

26

Ich gebe mein Bestes mit dem Wissen
und der Einsicht, die mir gegenwärtig
zur Verfügung stehen.

27

Heute ist ein herrlicher Tag.
Auf erwartete und unerwartete Weise
strömt Geld in mein Leben.

28

Heute feiere ich alles, was ich bin,
und alles, was ich zukünftig sein will.

29

Je mehr ich mich liebe, desto jünger sehe ich aus.

30

Meine Arbeit macht mir Spaß, und mein Leben ist aufregend und voller Abenteuer.

31

Liebevoll achte ich auf die Botschaften meines Körpers.

32

Dankbar staune ich über die Schönheit, die mir auf Schritt und Tritt begegnet.

33

Wohlbefinden ist mein natürlicher körperlicher Zustand. Ich glaube an vollkommene Gesundheit.

34

Jeder Mensch, der mir heute während meines Arbeitstages begegnet, will mir nur Gutes.

35

Mein positiver innerer Dialog zahlt sich aus: Mein Leben ist wunderbar!

36

Mein/e Partner/in und ich lernen, einander völlig zu akzeptieren. Wir werfen uns gegenseitig nichts vor, sondern wissen und fühlen, dass jeder von uns beiden sein Bestes gibt.

37

Ich spreche nur positiv über meine Mitmenschen. Für Negativität ist in meinem Leben kein Platz.

38

Ich fühle eine herrliche, dynamische Energie in mir. Ich bin aktiv und quicklebendig.

39

Alles, was ich anfange, wird ein Erfolg. Ich ziehe Wohlstand und Glück magnetisch an.

40

Ich freue mich über Wachstum und Weiterentwicklung. Ich lasse alte, einengende Vorstellungen hinter mir.

41

Liebe ist die Wunderkur. Wenn ich mich selbst liebe, bewirkt das in meinem Leben wahre Wunder.

42

Liebevoll und freudig lebe ich meine Sexualität.

43

Ich widme bewusst einen Teil meiner Zeit anderen Menschen. Wenn ich ihnen Gutes tue, ist das auch gut für mich.

44

Die Vergangenheit ist vorbei und nicht mehr zu ändern. Nur die Gegenwart kann ich erleben und gestalten.

45

Liebe ist mein Lebenselixier. Die Liebe, die ich anderen schenke, kehrt vielfach vermehrt zu mir zurück.

46

Ich kann mein Leben jederzeit ändern.
Ich bin bereit für positive Veränderungen.

47

Ich bin dankbar für die großzügigen Gaben des Lebens. Ich bin wahrhaft gesegnet.

48

Ich lache über das Leben (und über mich selbst). Ich entscheide mich dafür, mich über nichts und niemanden aufzuregen.

49

Ich fühle mich in meinem Körper wohl und zu Hause.

50

Ich ziehe jetzt neue Freunde in mein Leben, die faszinierend, liebevoll, einfühlsam, fröhlich und großzügig sind.

51

Ich treffe kluge Entscheidungen,
die immer dem höchsten Wohl aller
Beteiligten dienen.

52

Alles, was ich brauche, um vollständig
heil und gesund zu werden, kommt
jetzt zu mir.

53

Ich sage *Ja* zum Leben, und das Leben
versorgt mich überreichlich mit allem,
was ich brauche.

54

Ich bin zum Erfolg geboren,
und ich danke jetzt
für meinen Erfolg.

55

Ich sehe mich als schön, liebenswert und von allen respektiert. Ich bin stolz, ich selbst zu sein.

56

Ich kann jetzt loslassen und allen verzeihen, die mich in meiner Kindheit seelisch verletzt haben. Ich bin frei.

57

Mein Zuhause erfüllt alle meine Bedürfnisse. Ich fülle mein Zuhause mit Liebe.

58

Ich bin für alle meine Erfahrungen selbst verantwortlich.

59

Wenn ich auf meine innere Führung vertraue, wird alles, was ich anfange, ein Erfolg.

60

Ich öffne mich für stetig wachsenden Wohlstand, und ich führe ein angenehmes Leben voller Freude.

61

Ich erschaffe meine eigenen Erfahrungen.
Ich genieße mein Leben!

62

Alle Brücken, die ich überquere,
alle Hindernisse, die ich überwinde,
führen mich zu größerer Erfüllung.

63

Ich fühle mich großartig.
Andere Menschen freuen sich an
meiner Gesellschaft.

64

Frieden beginnt bei mir selbst.
Je friedlicher ich innerlich bin,
desto mehr Frieden kann ich mit
anderen Menschen teilen.

65

Ich habe Freude an meiner Welt,
und meine Welt hat Freude an mir.

66

Ich segne meine jetzige Arbeit liebevoll und weiß, dass sie nur ein Schritt auf meinem Entwicklungsweg ist.

67

Mein Geist ist ein Werkzeug, und wie ich es nutze, liegt ganz allein bei mir.

68

Ich bin immer in der Lage, richtige Entscheidungen zu treffen. Ich vertraue auf meine intuitiven Fähigkeiten.

69

Von überall her kommt Gutes auf mich zu. Ich gedeihe in jeder Hinsicht.

70

Ich bin sanft, gütig und geduldig mit mir. So, wie ich mich selbst behandle, werde ich auch von anderen behandelt.

71

Alle meine Wünsche und Bedürfnisse werden erfüllt, noch bevor ich darum bitte. Alles ist gut in meiner Welt.

72

Heute erlebe ich die Zukunft, die ich mir gestern erschaffen habe.

73

Ich achte liebevoll auf die Botschaften meines Körpers. Mein Körper ist der Inbegriff vollkommener Gesundheit.

74

Alle Menschen verändern sich ständig, und ich akzeptiere die Veränderungen liebevoll.

75

Ich übernehme für jeden Aspekt meines Lebens die volle Verantwortung.

76

Ich wähle und bejahe, dass in meinem Leben alle Ampeln auf Grün stehen – sodass alles Gute ungehindert hereinströmen kann.

77

Ich blicke nach innen und finde die
kostbaren Schätze meiner Seele.

78

Andere Menschen achten mich,
weil ich mich selbst achte.

79

Voller Begeisterung freue ich mich auf die Abenteuer, die jeder neue Tag mir bringt.

80

Ich trage den Frühling im Herzen und tanze beschwingt durchs Leben!

81

Ich bin immer sicher und geborgen, und darum kann ich es mir leisten, anderen gegenüber großzügig und tolerant zu sein.

82

Ich bin intelligent und stark. Es fällt mir leicht, für meine Interessen einzustehen und meinen Weg zu gehen.

83

Ich verdiene das Beste und beanspruche es jetzt.

84

Ich öffne mich jetzt dankbar für den Reichtum und die Fülle des Universums.

85

Ich atme frei und tief. Der Atem ist die Grundlage des Lebens.

86

Kein Mensch, Ort oder Ding hat Macht über mich, denn ich bin in meinem Geist der einzige Denker.

87

Mein Körper ist vollkommen. Ich erfreue mich strahlender Gesundheit.

88

Ich arbeite stets für wunderbare Chefs
und mit wunderbaren Kollegen. Ich liebe
meine Arbeit.

89

Ich lese Bücher, die meine Seele inspirieren
und mich zum Nachdenken anregen.
Es gibt immer noch etwas dazuzulernen.

90

Ich achte alle meine Verwandten,
und sie achten mich.

91

Ich liebe das Leben!
Ich freue mich auf
jeden neuen Augenblick.

92

Meine Umwelt ist wie geschaffen für mich.
Sie unterstützt mich auf optimale Weise
und ist angefüllt mit liebevollen Gedanken.

93

Ich blicke optimistisch und mit freudiger
Erwartung in die Zukunft.

94

Ich bin so erfolgreich, wie ich es mir selbst zugestehe.

95

Mein Körper ist für mich wie ein guter Freund.

96

Ich finde jetzt positive Wege, mich von meiner Wut zu befreien. Ich liebe und achte mich selbst.

97

Ich benutze ausschließlich liebevolle und konstruktive Worte.

98

Ich atme tief durch und entspanne mich. Mein ganzer Körper wird ruhig und entspannt.

99

Ich lasse die einschränkenden Vorstellungen
und Umstände meines Elternhauses
hinter mir und lebe mein eigenes Leben.

100

Ich freue mich an den Erfolgen anderer,
denn ich weiß, dass immer genug für uns
alle da ist.

101

Ich löse mich von negativen Denkmustern und von dem Bedürfnis, mich selbst und andere zu kritisieren.

102

Ich werde jeden Tag liebenswerter. Andere nehmen mich als liebevollen, mitfühlenden Menschen wahr.

103

Es gibt keinen Grund, zu kämpfen und sich abzumühen. Ich vertraue darauf, dass das Universum immer gut für mich sorgt.

104

Ich habe meine ureigenen Talente und Fähigkeiten, und wenn ich sie entfalte, finde ich Glück und Erfüllung.

105

Die Liebe ist alles, was zählt!

106

Die Vergangenheit hat keine Macht.
Hier und jetzt wartet eine frische, neue
Welt auf mich.

107

Meine innere Suche ist zutiefst sinnvoll
und führt mich zu vielen neuen Einsichten
und Antworten.

108

Ich bin immer im richtigen Alter, um ein gutes, erfülltes Leben zu führen.

109

Ich arbeite, um Freude und Erfüllung zu finden – nicht allein des Geldes wegen.

110

Ich habe Freude an meinem Körper.
Ich erfreue mich bester Gesundheit.

111

Ich gehe abends zufrieden schlafen.
Ich bin gelassen und fühle mich sicher
und geborgen.

112

Ich konzentriere mich gedanklich ausschließlich auf die Dinge, die ich in meinem Leben verwirklicht sehen möchte.

113

Ich gebe frei und lasse los. Ich gebe freudig alles auf, was ich nicht länger benötige.

114

Heute bin ich frohen Mutes. Freude und Humor tragen enorm zu meinem Wohlbefinden bei.

115

Ich bin allen Herausforderungen gewachsen, denn das Universum versorgt mich stets mit allem, was ich gerade benötige.

116

Ich stehe zu meinen Entscheidungen, bleibe aber flexibel, denn ich weiß, dass ich mich jederzeit anders entscheiden kann.

117

Die Liebe aus meinem Herzen durchströmt meinen ganzen Körper.

118

Freunde sind bei mir willkommen. Wir alle sind wie eine liebevolle Familie.

119

Ich bringe mir selbst und allen anderen Menschen Wertschätzung entgegen, und so wird mein Leben immer besser und besser.

120

Mit Leichtigkeit lerne ich meine Lebenslektionen und entfalte mein Potenzial.

121

Vergebung macht frei. Ich vergebe allen Menschen, auch mir selbst.

122

Ich verhalte mich Tieren gegenüber liebevoll und mitfühlend. Sie sind Geschenke des Universums.

123

Ich bin aufgeschlossen für neue Ideen und immer bereit, meinen Horizont zu erweitern.

124

Aus bekannten und aus unerwarteten Quellen strömt jetzt Gutes in reicher Fülle in mein Leben.

125

Wandel und Wachstum eröffnen mir aufregende Möglichkeiten, und inmitten aller Veränderungen bin ich stets sicher und behütet.

126

Stets empfange ich hilfreiche neue Ideen und Inspirationen.

127

Ich beginne und beende jeden Tag damit, dass ich für all die Segnungen danke, die mir geschenkt werden.

128

Mein Reichtum ist unerschöpflich.
Ich gedeihe in allen Lebensbereichen.

129

Mühelos löse ich alle meine Probleme,
indem ich bewusst positive Gedanken wähle.

130

Ich bin produktiv und gut organisiert.
Ich bin voller Energie und liebe es, mein
Leben kraftvoll und erfolgreich zu gestalten.

131

Auch meine besten Freunde waren einst
Fremde für mich. Daher begegne ich fremden
Menschen aufgeschlossen und freundlich.

132

Ich verfüge über die grenzenlose Fähigkeit, in meinem Leben Gutes zu erschaffen.

133

Ich betrachte jede Erfahrung als eine Gelegenheit, dazuzulernen und mich weiterzuentwickeln.

134

Meine Mutter hat immer einen
besonderen Platz in meinem Herzen.
Ich denke voller Liebe und Dankbarkeit
an sie.

135

Ich lerne, zu vergeben und loszulassen.
Innerer Frieden ist mein Ziel.

136

Keine Aufgabe ist für mich zu gering oder zu groß. Wenn etwas getan werden muss, dann tue ich es.

137

Es fällt mir leicht, mich anzupassen und mich zu verändern. Ich bin flexibel und fließe harmonisch mit dem Leben.

138

Ständig gelange ich zu neuen Einsichten. Ich gehe einer wunderbaren Zukunft entgegen.

139

Ich bin dankbar für jeden meiner Tage hier auf der Erde. Das Leben ist so gut!

140

Ich akzeptiere meine eigene Sexualität und bin diesbezüglich auch anderen Menschen gegenüber liebevoll und tolerant.

141

Ich mache mir bewusst, dass mein Körper ein Wunder der Schöpfung ist und dass es ein Privileg ist, darin zu leben.

142

Alles, was ich unternehme, schenkt mir Befriedigung. So, wie ich bin, bin ich gut genug.

143

Freiheit und Veränderung liegen in der Luft. Ich löse mich von alten Vorstellungen, die mir nicht länger dienlich sind.

144

Ich versorge meinen Körper mit nahrhaften Lebensmitteln und Getränken und verschaffe mir regelmäßig Bewegung.

145

Alles, was ich tue, schenkt mir Befriedigung und Erfüllung.

146

Der Ozean des Lebens ist unermesslich reich. Überall erwarten mich wunderbare Gelegenheiten und Möglichkeiten.

147

Mit einer liebevollen Einstellung trage ich dazu bei, eine Welt zu erschaffen, in der wir einander gefahrlos lieben können.

148

Mein Herz ist weit offen. Ich gebe meinen inneren Widerstand auf und fließe mit dem Leben.

149

Heute entscheide ich mich bewusst dafür, dankbar über all die guten Dinge nachzudenken, die das Leben mir schenkt.

150

Ich bin in meiner Welt die schöpferische Macht. Ich entfalte meine Kreativität auf bestmögliche Weise.

151

Alles, was ich suche, ist bereits in mir.

152

Ich betrete immer wieder gerne Neuland und lasse mich auf neue, richtungweisende Unternehmungen ein.

153

Ich bin ein entscheidungsfreudiger, produktiver Mensch. Wenn ich etwas begonnen habe, führe ich es ohne Wenn und Aber zu Ende.

154

Ich bringe meine Gefühle auf freudige, positive Weise zum Ausdruck.

155

Ich öffne mein Herz und lasse die Liebe herein.

156

Wie aufregend und wunderbar ist es doch, hier und heute zu leben!

157

Mein inneres Selbst ist liebevoll und wunderschön. Deshalb lohnt es sich für mich immer, nach innen zu schauen.

158

Es ist mein Geburtsrecht, mich frei zu entfalten und ein erfülltes Leben zu führen.

159

Ich bin allen Herausforderungen gewachsen. Was ich anfange, mache ich gut, und schreite von Erfolg zu Erfolg.

160

Mein Körper möchte bewegt und gefordert werden. Sport und Bewegung machen Spaß und tun mir gut.

161

Ich bin frei, ich selbst zu sein. Ich muss nicht die Fehler meiner Eltern wiederholen.

162

Ich sehe in allen Menschen nur das Beste und helfe ihnen, ihre Gaben und Talente zu entfalten.

163

Ich bin ein offener Kanal für schöpferische Ideen.

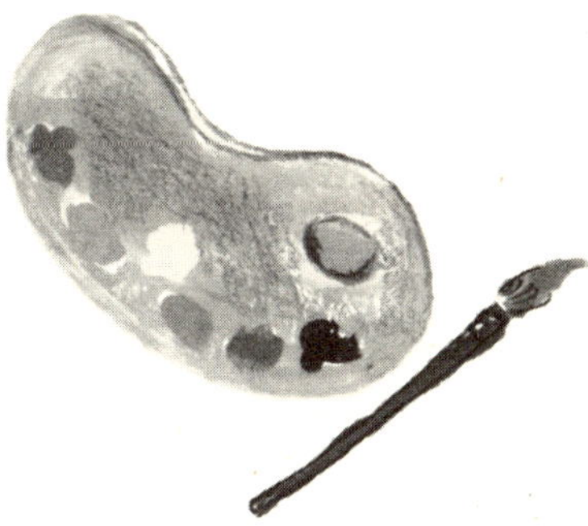

164

Alles, was ich wissen muss, wird mir zur rechten Zeit und am rechten Ort enthüllt.

165

Ich lebe in vollkommener Harmonie mit meiner Umwelt: mit der Sonne, dem Mond, dem Wind, dem Regen und der Erde.

166

Stets tun sich neue, wunderbare Möglichkeiten für mich auf. Ich fließe harmonisch mit dem, was hier und jetzt geschieht.

167

Ich lasse Hemmungen und inneren Widerstand hinter mir und lebe im Frieden mit mir selbst und meiner Welt.

168

Ich löse mich von alten negativen Denkmustern und schaue guten Mutes in die Zukunft.

169

Mein Geist ist offen und aufnahmebereit.

170

Ich bin begeistert von den Wundern des Lebens! Energie und Optimismus erfüllen mich.

171

Immer wieder öffnen sich neue Türen für mich. Ich weiß und baue darauf, dass nur Gutes zu mir kommt.

172

Meine innere Führung geleitet mich sicher durch den Tag, sodass ich immer die richtigen Entscheidungen treffe.

173

Die Leute fühlen sich in meiner Gegenwart wohl, denn ich strahle Liebe aus.

174

Ich bin stark und voller Zuversicht. Ich gehe selbstbewusst und erhobenen Hauptes durchs Leben.

175

Ich liebe mein inneres Kind und sorge gut für es.

176

Ich bin zur rechten Zeit am rechten Ort. Ich bin immer sicher und behütet.

177

Ich freue mich über Komplimente und nehme sie dankbar an. Sie sind Ausdruck des universellen Reichtums.

178

Schwierigkeiten belasten mich nicht länger.
Ich löse mit Leichtigkeit alle Probleme.

179

Mein Denken ist friedvoll, ruhig und zentriert.

180

Der göttliche Frieden und die göttliche Liebe umgeben mich und wohnen in mir. Ich vertraue dem Lauf des Lebens.

181

Ich mache kräftige Spaziergänge an der frischen Luft, um meinen Körper und meine Seele zu beleben.

182

Ich verfüge über die Macht, mir mittels meiner Gedanken alles zu erschaffen, was ich mir wünsche.

183

Durch Wohlstandsaffirmationen erschaffe ich mir eine Wohlstandswelt.

184

Ich marschiere mutig und fest entschlossen meinen Zielen entgegen.

185

Hiermit erkläre ich meine Unabhängigkeit von meiner Vergangenheit! Ich bin frei, ich selbst zu sein.

186

Heute mache ich einen geistigen Hausputz. So schaffe ich Platz für neue, positive Gedanken.

187

Liebe, Harmonie und Freude begleiten mich auf allen Wegen. Mein Leben ist perfekt im Gleichgewicht.

188

Schuldzuweisungen und Vorwürfe helfen niemandem. Ich löse mich jetzt davon und vergebe allen Menschen, auch mir selbst.

189

Ich bin etwas Besonderes. Ich bin einzigartig und wunderbar. Je mehr ich mich selbst liebe, desto einfacher wird mein Leben.

190

Ich bin eins mit der Unendlichen Macht, die mich erschaffen hat.

191

Ich vertraue voll und ganz auf meine Fähigkeit, zur rechten Zeit die richtige Entscheidung zu treffen.

192

Ich scheue mich nicht, dem Universum meine Wünsche mitzuteilen. Ich weiß, dass immer bestens für mich gesorgt ist.

193

Ich helfe bereitwillig, wo ich kann, und erleichtere damit anderen Menschen ihre Last.

194

Ich besitze einen klaren Geist und ein gutes Auffassungsvermögen. Ich bin immer bereit zu positiver Veränderung.

195

Ich befreie mich von alten seelischen Wunden und vergebe allen Menschen, was früher geschah.

196

Jeder Augenblick ist ein Neubeginn. Mein Leben ist so wunderbar!

197

Ich liebe das, was ich bin, und das, was ich tue.

198

Ich akzeptiere vollkommene Gesundheit als meinen natürlichen Seinszustand.

199

Alle meine Freunde verstehen meine Bedürfnisse. Ich habe viele Freunde, die mich lieben und es gut mit mir meinen.

200

Ich erkenne, dass Bewusstheit der erste
Schritt zu Heilung und Weiterentwicklung ist.
Mit jedem neuen Tag werde ich bewusster.

201

Ich bin mein eigener bester Freund.
Ich liebe, was ich in mir sehe.

202

Ich bin offen für neue Ideen. Ich besitze Pioniergeist und Führungsqualitäten.

203

Ich bin geistig und emotional bestens dafür gerüstet, erfolgreich zu sein und in jeder Hinsicht zu gedeihen.

204

Mein Geist und mein Körper arbeiten harmonisch zusammen. Ich bin seelisch und körperlich im Gleichgewicht.

205

Heute mache ich wichtige Fortschritte hin zu mehr Bewusstheit, Freude und Erfolg.

206

Ich strahle Gesundheit, Glück, Wohlstandsbewusstsein und geistigen Frieden aus.

207

Ich profitiere von jeder neuen Erfahrung. In meinem Leben ändert sich alles zum Besseren.

208

Die Atmosphäre an meinem Arbeitsplatz
ist harmonisch und schön.

209

Ich lerne, meinen Arbeitskollegen Liebe
und Wertschätzung zu schenken.
Ich erkenne die Leistungen aller an.

210

Ich strahle Liebe und Mitgefühl auf alle
Menschen aus. Auch mir selbst gegenüber
bin ich liebevoll und mitfühlend.

211

Ich bin offen für Wunder und glückliche Fügungen.

212

Es ist sehr heilsam, anderen meine Gefühle zu zeigen und meine Verletzlichkeit zuzugeben.

213

Ich kann mich bewusst dafür entscheiden, mich heute gut zu fühlen.

214

Ich bin selbst für mein Leben verantwortlich und dulde es nicht, dass andere mich beherrschen oder kontrollieren.

215

Ich mache mich mutig auf den Weg
und erschließe mir neue Horizonte.

216

Ich fühle mich im Beruf anerkannt und
geschätzt. Ich achte das Leben, und das
Leben achtet mich.

217

Mein Körper spiegelt meine geistige Verfassung wider. Ich bin gesund, heil und in Harmonie.

218

Ich stehe für die Wahrheit ein und lebe in Freude.

219

Ich segne andere und trage zu ihrem Wohlergehen bei; und ebenso segnen sie mich und tragen zu meinem Wohlergehen bei.

220

Ich tue zur rechten Zeit am rechten Ort das Richtige.

221

Ich fühle mich wie neugeboren. Ich lasse meine Vergangenheit hinter mir und bin offen für eine glückliche Zukunft.

222

Es gibt kein »gutes« oder »schlechtes« Wetter. Es liegt bei mir, wie ich auf meine Umwelt reagiere.

223

Ich löse mich jetzt von allen Erwartungen und weiß, dass immer gut für mich gesorgt ist.

224

Wir sind alle eine große Familie, und der Planet ist unser gemeinsames Zuhause.

225

Ich bin eins mit der Macht und Weisheit des Universums. Ich habe immer alles, was ich brauche.

226

Wenn ich auf mein inneres Selbst höre, finde ich die Antworten, nach denen ich suche.

227

Ich bin pünktlich. Damit zeige ich meinen Mitmenschen, dass ich sie respektiere.

228

Im Umgang mit anderen Menschen
lasse ich mich immer von der Liebe leiten.

229

Ich strahle Wärme und Liebe aus. Ich bin wunderschön, und alle lieben mich.

230

Ich kann mich stets auf meinen Körper verlassen. Er bringt mich mit Leichtigkeit überallhin.

231

Ich liebe meine Familie und mein Zuhause. Hier fühle ich mich geborgen, behaglich und sicher.

232

Ich befreie mich jetzt von destruktiven Ängsten und Zweifeln.

233

Ich gehe mit freudiger Erwartung in jeden neuen Tag.

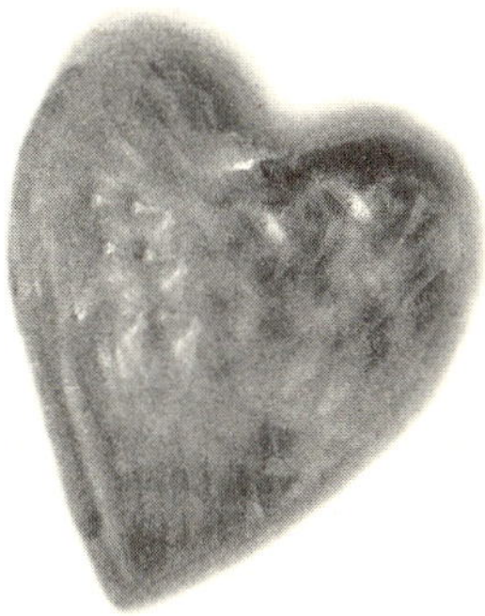

234

Ich sehe toll aus und fühle mich blendend. Hier bin ich, Welt – offen und empfangsbereit für alles Gute!

235

Ich erschaffe mir jetzt ein Leben, wie ich es mir wünsche und erträume.

236

Stets handle ich ehrenwert und mit Integrität.

237

Ich bin der Star meines eigenen Films und außerdem der Drehbuchautor und Regisseur. Ich schreibe mir wunderbare Rollen.

238

Ich vertraue auf mein Höheres Selbst. Liebevoll höre ich auf meine innere Stimme.

239

Ich liebe mich genau so, wie ich bin.

240

Alle meine zwischenmenschlichen
Beziehungen sind harmonisch.
Ich sehe um mich herum immer nur
Harmonie.

241

Ich liebe meine Verwandten genau so, wie sie sind. Ich versuche nicht, andere Menschen zu ändern.

242

Ich sorge jetzt gut für meinen Körper, meinen Geist und meine Emotionen. Ich fühle mich gut!

243

Für mich ist das Leben ein wunderbarer, freudiger Tanz.

244

Alles, was ich wissen muss, wird mir zur rechten Zeit offenbart, heute wie an jedem anderen Tag.

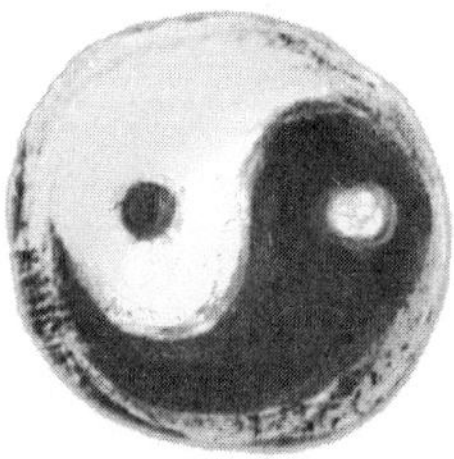

245

Meine Gedanken der Freude erschaffen eine Welt der Freude.

246

Alle Menschen, Orte und Dinge auf diesem Planeten sind durch die Liebe miteinander verbunden.

247

Ich bin im Universum zu Hause.

248

Ich habe mehr als genug Zeit und Gelegenheit, meine Talente und Fähigkeiten zu entfalten.

249

Ich bin offen und empfangsbereit für die Fülle, die mich umgibt.

250

Überall tun sich neue Chancen für mich auf. Ich habe unbegrenzte Wahlmöglichkeiten.

251

Ich glaube fest, dass wir hier sind, um einander zu segnen und zum gegenseitigen Wohlergehen beizutragen. Dementsprechend handle ich auch.

252

Ich bin stolz darauf, dass es mir leichtfällt, mich an den Lauf des Lebens anzupassen.

253

Ich habe in diesem Leben den für mich völlig idealen Körper.

254

Ich benutze meine Macht weise.
Ich bin stark, und mir kann nichts geschehen.

255

Ich löse mich vom Konkurrenzdenken und vergleiche mich nicht mit anderen. Ich gebe einfach mein Bestes und genieße mein Dasein.

256

Ich bin jetzt bereit, mich selbst lieben zu lernen.

257

Ich spreche nur gut von anderen und höre ihnen aufmerksam zu.

258

Mein Leben wird immer besser und besser. Ich beanspruche jetzt nur Gutes für mich.

259

Ich hauche meiner Vision Leben ein und erschaffe mir die Welt, die ich mir erträume.

260

Ich freue mich an dem, was ich habe, und widme mich bereitwillig neuen Herausforderungen und Lernaufgaben.

261

Ich bin jetzt offen dafür, dass auf allen erdenklichen Kanälen Wohlstand in mein Leben strömt.

262

Heute ist ein wunderbarer Tag, weil ich mich bewusst dafür entscheide, ihn wunderbar zu gestalten.

263

Ich weiß, dass der Kraftpunkt immer
in der Gegenwart liegt.

264

Ich sehe mich selbst als ein herrliches
Wesen, das weise und wunderschön ist.
Ich liebe das, was ich bin.

265

Je mehr ich anderen helfe, desto besser gedeihe ich selbst. In meiner Welt gibt es nur Gewinner.

266

Das Leben bringt mir nur positive Erfahrungen.

267

Die Vergangenheit hat keine Macht über mich. Sie ist für immer vorbei, und ich lebe ausschließlich in der Gegenwart.

268

Dort, wo ich bin, bin ich immer sicher und geborgen. Ich schaffe mir meine eigene Sicherheit.

269

Ich danke für alles, womit das Leben mich liebevoll versorgt.

270

Ich erkenne meine negativen Muster. Statt deswegen Schuldgefühle zu hegen oder mir Vorwürfe zu machen, ändere ich sie einfach zum Besseren.

271

Ich lasse meine Liebe frei fließen. Sie strömt aus einer Quelle, die niemals versiegt.

272

Ich vergebe mir und befreie mich dadurch von der Last der Vergangenheit.

273

In meinem Leben herrscht ein ausgewogenes Verhältnis von Arbeit und Vergnügen.

274

Ich weiß jetzt, dass ich mir meine Eltern selbst ausgesucht habe, weil sie die perfekten Lernerfahrungen für mich bereithielten.

275

Alles ist gut, und noch Besseres erwartet mich.

276

Mein Leben ist einfach, denn ich bin sehr gut organisiert.

277

Ich überwinde alte Hindernisse und finde zu einem freien schöpferischen Selbstausdruck.

278

Ich bringe meine einzigartigen Talente
und Fähigkeiten auf zutiefst befriedigende
Weise zur Entfaltung.

279

Ab heute sehe ich die Welt
in einem neuen Licht.
Ich sehe Schönheit überall.

280

Heute beschließe ich, mich selbst zu mögen und ein positives Selbstbild zu hegen.

281

Mein Leben ist eine Party, die ich mit allen meinen Freunden feicre.

282

Ich löse mich von dem Bedürfnis, mich klein und wertlos zu fühlen. Ich entfalte meine Gaben und erfülle meine Bestimmung.

283

Ich lebe voller Freude in Harmonie mit der Welt.

284

Die Menschen in meinem Leben halten mir den Spiegel vor. Wenn ich freundlich bin, zeigt mir die Welt ein freundliches Gesicht.

285

Mit Weisheit, Liebe und Gelassenheit löse ich alle Probleme.

286

Ich denke positive Gedanken, weil jede Zelle in meinem Körper auf jeden meiner Gedanken und jedes meiner Worte reagiert.

287

Ich erweitere meine Grenzen,
damit ich offen bin für alle Arten
von positiven Erfahrungen.

288

Göttlicher Frieden und göttliche
Harmonie umgeben mich immer
und überall.

289

Ich verdiene es, das Leben zu genießen.
Ich bitte um das, was ich mir wünsche,
und nehme es dankbar an.

290

Mit anderen harmonisch
zusammenzuarbeiten ist Teil
meiner Lebensbestimmung.

291

Ich strahle Wohlwollen auf alle Menschen aus. Alle meine zwischenmenschlichen Beziehungen sind gesund und konstruktiv.

292

Ich bin liebenswert. Liebe umgibt mich auf allen Wegen.

293

Ich atme den kostbaren Atem des Lebens ein, und ich entspanne mich körperlich, geistig und emotional.

294

Ich nehme mir heute Zeit, die Liebe des Universums in mir und um mich herum zu spüren. Was für ein herrlicher Tag!

295

Ich nehme das, was ich für meine »Fehler« halte, und formuliere es zu positiven Affirmationen um.

296

Es steht mir zu, Anteil am Reichtum
und der Fülle der Welt zu haben.

297

Ich wünsche mir nur Dinge, die
meinem höchsten Wohl dienen.

298

In meiner wunderbaren Welt vollbringe ich immer neue Wunder. Ich bin offen für die Wunder des Universums.

299

Ich entspanne mich und werde mir meines eigenen Wertes bewusst.

300

Das Leben trägt und erhält mich. Es bringt mir nur gute und positive Erfahrungen.

301

Ich strahle Liebe in jedem Winkel meines Zuhauses aus, und es reagiert darauf, indem es mir Wärme und Behaglichkeit schenkt.

302

Ich freue mich an allem, was ich unternehme. Ich bin der wichtigste Mensch in meinem Leben.

303

Ich vergebe anderen Menschen und erschaffe mir ein Leben nach meinen Wünschen.

304

Ich gönne mir regelmäßig einen ganzen Tag, an dem ich einfach nur Spaß habe und es mir gutgehen lasse!

305

Ich führe ein Leben voller Freude.
Mein Leben wird immer besser und besser.

306

In jedem Moment habe ich Gelegenheit, auf wunderbare Weise immer mehr ich selbst zu sein.

307

Für jedes Problem gibt es eine Lösung.
Lernen macht Freude und fällt mir leicht.

308

Ich sorge gut für meinen Körper.
Wasser ist mein bevorzugtes Getränk.

309

Ich erwache zu den goldenen Möglichkeiten, die vor mir liegen.

310

Ich bringe meine Kreativität frei und offen zum Ausdruck.

311

Ich respektiere die Einzigartigkeit meiner Mitmenschen. Dass jemand anders ist als ich, empfinde ich als Bereicherung. Letztlich sind wir alle eins.

312

Ich sehe überall Fülle und Reichtum. Ich lebe jetzt in einer leuchtenden Welt der grenzenlosen Liebe und Freude.

313

Ich glaube fest an das Universum und an seine Fähigkeit, jederzeit gut für mich zu sorgen.

314

Ich bin bereit, mich zu verändern, wenn das meinem Wohl dient.

315

Als erfahrene Seele weiß ich, dass Schuldgefühle und Schuldzuweisungen nutzlos sind.

316

Ich liebe mein Selbst und meine Kreativität.

317

Ich öffne mein Bewusstsein jetzt für die wunderbaren Chancen und Möglichkeiten des Lebens.

318

Die göttliche Intelligenz gibt mir wunderbare Ideen ein, die ich in allen Lebensbereichen nutzbringend anwenden kann.

319

Ich löse mich jetzt von dem Bedürfnis, das Universum kontrollieren zu wollen. Ich finde inneren Frieden.

320

Vergebung ist der Weg zur Liebe. Ich löse mich liebevoll von der Vergangenheit und wende mich ganz der Gegenwart zu.

321

Ich habe stets wunderbare, harmonische Beziehungen. Der Mensch, nach dem ich suche, sucht auch nach mir.

322

Ich vertraue auf mich selbst und auf das Universum. Darauf kann ich immer bauen.

323

Meine Haustiere sind wunderbare Geschöpfe, die liebevoll und als vollwertige Familienmitglieder behandelt werden.

324

Meine Arbeit macht mir Freude und verhilft mir zu einem ausgezeichneten Einkommen. Ich glaube an mich, und darum bin ich erfolgreich.

325

Mithilfe meiner Inneren Weisheit lenke ich mein Leben in glückliche, friedvolle Bahnen.

326

Ich liebe das Leben und freue mich meines Daseins!

327

Ich bringe allen Menschen und überhaupt der gesamten Schöpfung Wertschätzung entgegen.

328

Ich habe Freude an gesunder Ernährung. Ich liebe jede Zelle meines Körpers.

329

Ich habe einen speziellen Schutzengel.
Ich bin jederzeit göttlich geführt und beschützt.

330

Ich habe die idealen Nachbarn.
Sie sind warmherzig und hilfsbereit.

331

Ich bin aufgeschlossen für neue Ideen
und immer bereit, dazuzulernen.

332

Ich bin bereit, andere um Hilfe zu bitten,
wenn ich Hilfe brauche.

333

Ich umhülle alle Menschen in meiner Umgebung mit einem leuchtenden Kreis aus Liebe.

334

Ich gehe wunderbaren Zeiten des Wohlstands und der Fülle entgegen. Danke, Universum!

335

Das Leben unterstützt mich auf jedem
Schritt meines Weges.

336

Ich stehe für mich selbst,
für meine Träume
und Wünsche ein.
Ich übernehme selbst
die Verantwortung
für mein Leben.

337

Wohin ich auch schaue, in jeder Blume, in der Sonne, dem Mond und jedem Menschen, dem ich begegne, sehe ich die Liebe.

338

Jede Hand, die meinen Körper berührt, ist eine heilende Hand. Ich bin immer sicher und geborgen.

339

Ich bin zutiefst dankbar für die Güte und Liebe, die andere mir schenken. Und ich zeige meinen Mitmenschen diese Dankbarkeit.

340

Ich denke großzügig, denn dann können in meinem Leben große Dinge geschehen.

341

Der schnellste Weg zur Gesundheit besteht darin, nur noch angenehme Gedanken zu denken.

342

Wenn man mir ein Kompliment macht, bedanke ich mich lächelnd und sage nichts, was das Kompliment abschwächt oder entkräftet.

343

Das Leben ist ständiger Wandel, und inmitten dieses Wandels bin ich immer sicher und beschützt.

344

Ich bin es mir wert, dass ich mich gesund ernähre. Und ich gönne meinem Körper ausreichend Ruhe und Erholung.

345

Das Universum unterstützt rückhaltlos jede Idee, die ich für wahr halte.

346

Ich höre auf, die Dinge auf die lange Bank zu schieben. Ich handle zügig und entschlossen.

347

Ich werde jetzt zu erfüllenden, beglückenden Erfahrungen hingeführt. Ich erschaffe mir ein lohnendes Leben.

348

Ich segne meine Eltern liebevoll und gebe ihnen die Freiheit, sie selbst zu sein.

349

Ich bin von einer tiefen inneren Freude erfüllt, die ich überallhin mitnehme.

350

Ich segne diesen Tag liebevoll und
strahle Liebe aus auf allen meinen Wegen.

351

Wenn ich mich selbst wirklich liebe,
fügt sich alles auf wunderbare Weise,
und mein Leben gelingt.

352

Ich lasse die Liebe meines Herzens durch mich fließen. Sie reinigt und heilt jeden Teil meines Körpers und alle meine Emotionen.

353

Ich fürchte mich nicht vor Veränderungen, sondern bin immer offen für positiven Wandel. Ich bin frei.

354

Alles, was mich umgibt, hat seinen Sinn und Wert.

355

Jeden Morgen erinnere ich mich daran, dass ich mich bewusst dafür entscheiden kann, mich gut zu fühlen.

356

Ich bin bereit, alte Ideen und Überzeugungen aufzugeben, die mir nicht länger dienlich sind.

357

Ich liebe meinen Körper. Von Jahr zu Jahr fühle ich mich entspannter und attraktiver.

358

Ich baue auf die Grundprinzipien des Lebens: Vergebung, Mut, Dankbarkeit, Liebe und Humor.

359

Ich schaffe mir neue Erinnerungen,
in denen Frieden, Wohlwollen und
Mitgefühl vorherrschen.

360

Bedingungslose Liebe und Akzeptanz
sind die größten Geschenke, die ich
geben und empfangen kann.

361

Ich gebe anderen Menschen genau das,
was ich auch von ihnen bekommen möchte.

362

Ich befreie mich selbst und alle Menschen
in meinem Leben von den Schmerzen
der Vergangenheit.

363

Ich bin nicht für andere Menschen
verantwortlich. Wir stehen alle unter dem
Gesetz unseres eigenen Bewusstseins.

364

Ich erwarte nur das Beste. Ich halte
nach dem Guten Ausschau und finde es.

365

Ich bin zufrieden mit dem, was ich
in meinem Leben erschaffen habe.
Morgen ist ein neuer Tag,
ein neuer Anfang.

Von Louise L. Hay sind in unserem Hause erschienen

Gesundheit für Körper und Seele (Geschenkausgabe)
Meditation für Körper und Seele (Geschenkausgabe)

Alles wird gut!
Das Beste, was mir je passiert ist
Gesundheit für Körper und Seele
Wahre Kraft kommt von innen
Aufbruch ins Licht
Balance für Körper und Seele
Gute Gedanken für jeden Tag
Die Kraft einer Frau
Du bist dein Heiler!
Das Leben lieben
Du selbst bist die Antwort
Die innere Ruhe finden

Balance für Körper und Seele (CD)
Gedanken der Kraft (CD)
Liebe statt Angst (CD)
Du bist dein Heiler! (CD)
Heilende Gedanken für Körper und Seele (CD)
Gesundheit für Körper und Seele (CD)
Verzeihen ist Leben (CD)

Ihr Weg zum erfüllten Leben (DVD)
You can heal your life – Der Film (DVD)

Du bist dein Heiler! (Kartenset)
Körper und Seele (Kartenset)
Glück und Weisheit (Kartenset)
Jeden Tag gut drauf (Kartenset)
Du kannst es! (Kartenset)